専業主夫ツレのプチベジ・クッキング

細川貂々&ツレ

はじめに

おいしい食事を作りたい。

僕はいつもそう考えています。

食べるということは人間にとって重要で、何を、どのように、誰と、どんなシチュエーションで食べるのかということで、幸福の度合いが違ってきます。できればおいしいものを、好きな人と、リラックスして食べたいものです。

そして、その料理が僕が作ったものだとしたら、僕はとても誇らしい気持ちになるでしょう。

僕は今、川沿いの町で専業主夫をしています。家族のことを考えて、おいしいものを作りたい。できれば安く、簡単に。

でも、こうなるまでには紆余曲折があって、多くの現代日本男性のようにサラリーマンを続けていたときには、料理をする時間もほとんどなく、ましてやそれを家族や知人に食べさせるという機会も少なかった。

食べることや眠ることを犠牲にして働き続けていたとき、僕

は何のために生きているのかを見失い、見失っていることすらわからなくなっていました。

うつ病という病気に倒れ、それでも人間らしく生きることを取り戻してきた僕は、最初に料理をしたいと思いました。好き勝手な気晴らしでなく、家族のために役に立つ人間として、料理をしたいと思ったのです。そのとき、僕は料理に「三つのK」があることに気づきました。三つのKとは「健康にいい」「経済的」「簡単にできる」ということです。

でも、いくら健康によく、経済的で、簡単な料理でも、おいしくなかったら幸せな時間を生み出すことはできません。

そこで、まずは「一つのO」、おいしさを。そして、できれば「三つのK」を日々の料理を通じて実践できたら。僕はそう考えながら、自分の料理を磨きました。そんな僕の料理が皆さんのお口に合うことができたら幸いです。

そして、僕の料理は肉や魚を使っていません。それは主義的なものではないのですが、現代人の健康のためには役に立つと思います。

ツレ

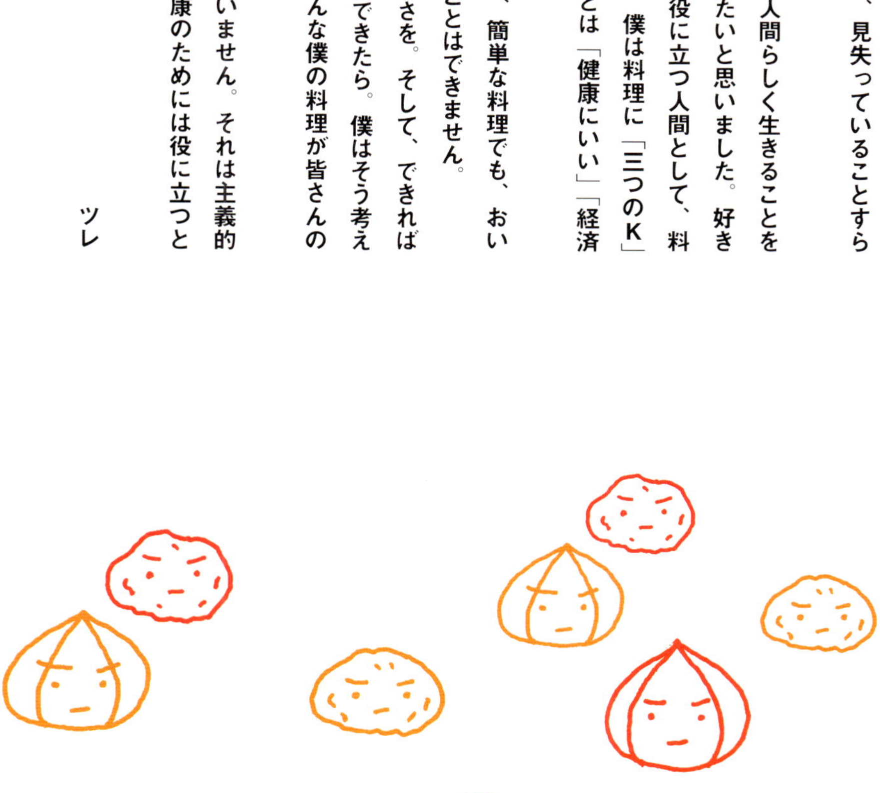

Contents

この本を読まれる方へ

・レシピの小さじ1は5ml、大さじ1は15ml、1カップは200mlです。
・分量は基本的に2人分ですが、たくさん作ったほうがいいものに関しては、作りやすい分量にしています。
材料の横に記載した分量を確認してください。

おもな登場人物

ツレ

レシピ担当。うつ病をきっかけに、専業主夫に。家族の健康を一番に考え、日々の食事作りに励んでいる。甘いものに目がないプチベジタリアン。グローバルな味覚を持つ。

てんてん

漫画担当。「家事は苦手」なため、もっぱら食べるほうが専門。料理を作れる夫を尊敬しつつも、ときにはその料理を厳しく批評。味覚は保守的（？）

イグ

グリーンイグアナの男の子、8歳。てんてんとツレの息子的存在。

まぐ

イグの嫁、3歳。もちろんグリーンイグアナ。

Part 1

ふたりの思い出レシピ

私は料理がキライだっ
とゆうか独身時代料理という物をしたことがなかった
うちの母は料理上手 ←
わざわざ自分でマズイ物を作りたくなかった
まー将来結婚する気はないし
できると思えんし
世の中においしい物はいっぱい売ってるし困らないよ
と思っていた
ある日
これボクが焼いたパン食べてみて

絵の学校に通っていた時
休けい時間に
自分で焼いたパンを
持ってきた男がいた
ひえー
パンて自分で
焼けるんだ
スゲー
ありがとー
そうか世の中には
料理好きの男って
のもいるんだ
男の人に対する新しい発見だった
そして
その料理好きの男と
つきあうことになり
はじめてのデートの日
ボク
お弁当作って
きたから
食べようっ
えー
レンコンと白ゴマの入った
いなりずし
しばづけ
野菜の
煮物
おいしいっ

レンコンの入った
いなりずしなんて
はじめて食べた
はい
お茶
ありがとう
またまた
スゴイなって思った
その年のクリスマス
私は仕事だった
あれっ
どーしたの？
クリスマス
おめでとうっ
彼はわざわざ
ケーキを焼いて
私の職場まで
持ってきてくれた
ラッピング
お仕事
がんばって

家に帰り
母親とケーキを食べた
おいしい!!
てんちゃんは
こーゆー人と
結婚すると
いいかもねぇ
えっ?!
何言ってんの?
私と結婚する男
なんかいるはず
ないじゃんっ
でもいろいろあり
その彼と結婚することに
なったのだ
それが
ツレだった
わけです
手料理に
つられて印象が
よくなるなんて
普通の男女の
逆だね
勝手にそっちが
つられたんだけどね
つづく

じゃがいもとねぎの田舎風スープ

[材料]（2人分）

じゃがいも……………………………中2個（200g）
長ねぎ（青い部分も）…………………約1本（200g）
水……………………………………………………600ml
塩………………………………………………小さじ1
こしょう…………………………………………少々

[作り方]

1 じゃがいもは皮をむいて薄切りに、長ねぎは1cm幅の小口切りにする。

2 鍋に**1**、水を入れ、弱火にかける。焦げつかないよう、水けが少なくなってきたら水を足して30分くらい煮る。

3 火を止め、10～15分くらいおいてあら熱を取り、煮汁ごとミキサーでかくはんする。

4 **3**を鍋に戻して塩、こしょうを加え、火にかける。あまりにドロドロなら湯を加え、さらっとしているなら煮詰める。

ツレのひとことメモ

じゃがいもとねぎを同量にするのがポイント。味つけはシンプルに塩、こしょうで。生クリームを加えて冷やすと、「ヴィシソワーズ」という料理に。

スープなんて
カップスープ
くらいしか
知らなかった私
あと
コンソメスープ
今日は
じゃがいもと
ねぎのスープ
作るよ
えっ
じゃがいも
とねぎ!?
全然想像が
つかない
？？？
うわー
まっ白
まろやかで
おいしい
じゃがいもと
ねぎのスープは
はじめてツレの
おうちに行って
作ってもらった
料理です
うーん
嫁に
したい

スペイン風オムレツ

[材料]（2人分）

玉ねぎ……………………………………………小1/4個
ピーマン（色とりどりそろえて）……………計50g
じゃがいも……………………………………………中1個
チェダーチーズ………………………………………40g
グリーンオリーブ（種抜き）…………………3～4個
ミニアスパラガス…………………………………8本
卵……………………………………………………3個
塩…………………………………………………小さじ1
こしょう……………………………………………少々
オリーブ油…………………………………………大さじ2

[作り方]

1　玉ねぎはみじん切り、ピーマンはやや粗いみじん切りにする。じゃがいもはよく洗って、皮つきのままスライサーで薄切りにする。チェダーチーズは5mm角に、オリーブも細かく切る。アスパラガスは洗っておく。

2　卵をボウルに割り入れ、塩、こしょうを加えてよくときほぐし、アスパラガス以外の**1**を加えてざっと混ぜる。

3　フライパンにオリーブ油を入れて中～弱火に熱し、**2**を流し込む。

4　ふたをして中火にし、卵が少し固まってきたらアスパラガスをのせ、フライ返しで押さえる。再度ふたをして表面が固まるまで焼く。焦げる前に火を止めて皿に移す。

※つけ合わせは、ミニトマトとリーフレタス、ザワークラウト。

ツレのひとことメモ

オレガノやタイムなどのハーブを加えてもよい。焼きたてはふんわりしているので、熱いうちにいただく。ケチャップやタバスコなどお好みで。

スペイン風オムレツも ツレのうちに 遊びに行った時 よく作ってもらった料理
おなか すいたね
じゃー 何か作るよ
すくっ
マメで よく気づく 男だ
飲み物は 何がいい？ 紅茶？
はじめて スペイン風オムレツを 食べたときも おどろいた
卵焼きの中に じゃがいもが 入ってる!!
卵焼きって あまいか しょっぱいかの 2種類だと 思ってたよ
卵焼きじゃなくて オムレツだよ…
ツレと出会って 料理の幅広さを 知った私…
形も丸いし ピザみたい

インド式野菜カリー

［**材料**］（2人分）

◆カリー

玉ねぎ……………………………………………中1個

ピーマン…………………………………………1個

なす………………………………………………1本

にんにく……………………………1片（10g）

しょうが……………………………1かけ（10g）

クミンシード………………………………少々

ホールトマト缶…………………………1/3カップ

グリーンピース（冷凍）…………………1/2カップ

プレーンヨーグルト………………………大さじ4

水……………………………………………1/2カップ

塩…………………………………………………小さじ2

カレー粉……………………………小さじ1〜2

サラダ油…………………………………大さじ4

◆ライス

米…………………………………………………1合

にんじん………………………………10〜15g

塩、こしょう（粗びき）、ターメリック……各少々

バター……………………………………大さじ1

水……………………………………………180ml

ツレのひとことメモ

トマトの水煮でなく、生のトマトをざく切りにしたものを使ってもよい。なすの代わりに、じゃがいも中〜大1個を使ってもおいしい。

［**作り方**］

◆カリー

1　玉ねぎはみじん切り、ピーマンはざく切り、なすは2cm角に切る。にんにくとしょうがはおろす。

2　フライパンにサラダ油を熱してクミンシードを入れ、パチパチとはじけてきたら、玉ねぎの半量を入れる。平らにならして揚げるように炒める。薄茶色になってよい香りがしてきたら、ざっと混ぜてさらに炒める。

3　濃い茶色の焦げ目ができ始めたら、残りの玉ねぎを加えて塩をふる。さらに炒め続け、玉ねぎの水分が蒸発してきたら火を弱め、にんにくとしょうがを加える。焦げつかないようにかき混ぜながら、カレー粉を加え、さらにトマトを加える。よく混ぜてペースト状にする。

4　ピーマン、なす、グリーンピースを加え混ぜる。ヨーグルト、水を加えたらふたをして弱火で30分ほど煮込む。水けが足りなくなりそうだったら適宜足してもよい。

◆ライス

1　米はといでざるにあげておく。にんじんはみじん切りにする。

2　鍋にバターを熱してにんじんを1〜2分ほど炒め、米を加える。

3　塩、こしょう、ターメリックをふり、水けがとぶくらいまで炒め、水を加えふたをして中火で炊く。

4　水けがとんでパチパチと音がするようになったら火を止め、10分蒸らす。蒸らし終わったらふたを取ってよくかき混ぜる。

※つけ合わせは、スライスして塩もみしたかぶと、いものサブジ（P.58）。

デートの時　困るのが外食
どうする？どこでお昼食べようか
そうだねぇ
とりあえずインド料理屋さんに行けば大丈夫
ベジタリアンメニューが必ずあるのです
私も思う存分肉が食えるし
くすっ
今はインド料理好きでよく食べるけど
ヒツジ大好き
はじめての時はやっぱりおそるおそるだった
えー？これがカレー？
ドロドロしてないよ白いゴハンじゃないよ?!
このでっかいパンは何？
ひとつひとつツレに教えてもらいながら食べた
これはナンっていってね
いつも家で食べてたルーのカレーはヨーロッパ風のカレーだということもこの時知った

ツレ料理コラム 1

おいしさの基本

おいしい料理を作りたいと切望し、いろいろ作って改めて思う。おいしいと感じてもらうコツは、「少なく作ること」ではないだろうか。「過ぎたるは及ばざるがごとし」のたとえにもあるように、おいしい料理も満腹になるまで詰め込むと、一気に評価が下がってしまう。足りないくらいがちょうどいいのだ。

そうはいっても「おいしい、もっと食べたい」と思っているところで終わってしまうと、それはそれで欲求不満も出てくる。次回はもうちょっと多く作ろうかと考えたりもする。しかし、よく考えてみよう。足りなくて不満な記憶は、苦しくなるまで食べ、さらに残してしまう記憶よりもずっと「おいしい」ように思う。おいしい料理を作りたいと思うのならば、決して作りすぎてはダメなのである。

足りないという欲求不満を覚えることなく、しかし、飽食には至らない量を極めることができるとよいのだが。それが「ちょうどいいアンバイ」というところだろうか。

この「アンバイ」という語は、漢字で書くと「塩梅」。古来、調味料として塩と梅酢を用い、それぞれを適切に使用するポイントのことをアンバイと言ったそうな。シンプルな調味料を使いつつ、適切なバランスを押さえればそれが「おいしい」ということになるのだ。

ところで、最近「いい塩」をいただくことが多くなった。写真は内モンゴル自治区出身の愛華さんからの「モンゴルの塩」、童話作家の村上しいこさんからの「クリスマス島の塩」、近所のお蕎麦屋さんからの「沖縄のシママース」「青さ塩」、編集者さんからの「ゲランドの塩」である。モ

ンゴルの塩は岩塩で、ほかは海の塩だ。塩は控えめに使うのが料理のコツのようだが、手元にいい塩がいっぱいあると、どんどん使いたくなる。そこをぐっとこらえて、やはりちょっとずつ使っている。

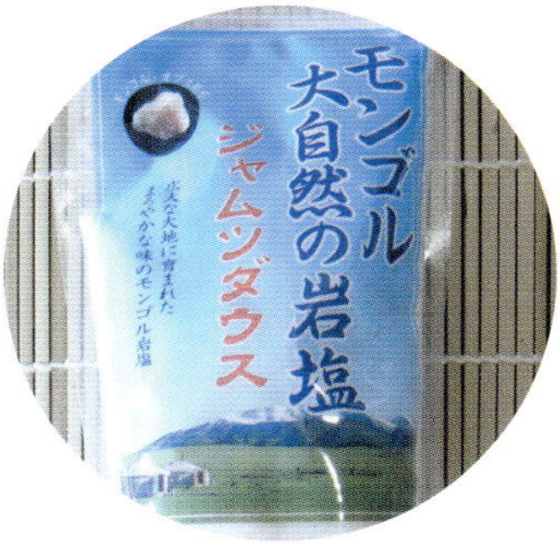

モンゴルの岩塩。「ジャムツダウス」は、「神聖な塩」の意味。

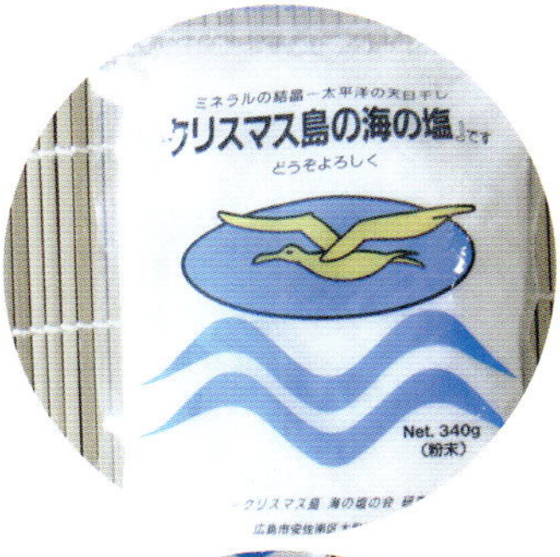

クリスマス島は、キリバス共和国の東端にある赤道直下の島。

シマ=沖縄、マース=塩の意味。青さ塩は、青さという海藻入り。

ゲランドの塩。フランス西海岸ブルターニュ地方で作られる。

ほうれん草のキッシュ

［材料］（直径20cmのパイ皿1枚分）

冷凍パイシート……150g
ほうれん草……1わ
玉ねぎ……1/3個
マッシュルーム……4個（70g）
ミニトマト……4個
ブリーチーズ……80g
サラダ油……大さじ1
A ┌卵……2個
　│生クリーム……100ml
　│塩……小さじ1
　└ナツメグ、こしょう……各少々

［作り方］

1 パイシートは解凍して、めん棒で2～3mm厚さにのばす。

2 パイ皿に**1**を敷いてはみ出た部分を折り返し、フォークでまんべんなく穴をあける。

3 **2**を180℃に熱したオーブンで10分ほど焼いてさまし、冷蔵庫に30分以上入れて冷やしておく。

4 ほうれん草はさっと熱湯にくぐらせてざるに取ってさまし、水けをよく絞って2cm長さに切る。玉ねぎとマッシュルームは薄切りにして、熱したフライパンにサラダ油をひいてしんなりするまで炒める。ミニトマトは4つに切る。チーズは皮つきのまま7mm厚さに切る。

5 **3**に、**4**を並べる。

6 Aの材料をボウルに入れてよくかくはんし、**5**にざっと流し込む。

7 200℃のオーブンで20分焼き、余熱で15分焼く。

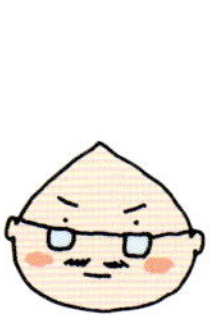

ツレのひとことメモ

ブリーチーズでなく、グリュイエールチーズなどの溶けるチーズでもよいが、表面にのせず中に入れておくほうがよい。熱いうちだけでなくさめてもおいしい。

外国では野菜もケーキにしてしまうのだなぁ
と、キッシュを見た時思った
うーんケーキというよりお好み焼きかな？
お好み焼き?!
各家庭で好きな物を入れて作るしね
おやつにもなるしゴハンにもなるでしょ
子供の頃お母さんがよく作ってくれたようちはほうれん草のキッシュだった
ツレのおふくろの味それがキッシュだ
ナイフとフォークで食べる

ハッシュドポテトとフライドエッグ

［材料］（2人分）

じゃがいも……………………………………………中1個
卵……………………………………………………………2個
塩、こしょう………………………………………各適宜
サラダ油……………………………………………大さじ4

［作り方］

1　じゃがいもはよく洗って、皮つきのままピーラーで全部削る。

2　フライパンを温め、サラダ油大さじ2を入れなじませる。火は中火よりやや強めにする。

3　**2**に**1**を入れ、薄く均一になるように広げ、フライ返しで上から強く押し付ける。塩、こしょうをふる。

4　まわりがきつね色になり、表面に火が少し通って色が変わってきたら裏返す。フライ返しで上から押さえ、塩、こしょうをふり、1分ほど焼いたら皿に取る。

5　フライパンにサラダ油大さじ2を足して目玉焼きを作り、塩、こしょうをふる。

6　**4**を切り分け、**5**を添える。

※つけ合わせは、ミニトマト、レタス、イングリッシュマフィン。

ツレのひとことメモ

じゃがいもを焼くとき、フライパンのふたはしないこと。パンにはさんで食べてもよい。その場合は、目玉焼きを裏返して両面焼く。

うちに泊まりに来た友だちが
えー 何コレ すごいっ
朝食を見ておどろいた
ハッシュドポテト
コレ どうやって 作るの?!
そういえばコレ ツレはすごく簡単そうに 作ってるけど パリパリにするのは むずかしいかも
チョー 感動っ
このくらいで 感動してくれて ありがたい 友だちだ

ごぼうとキャベツのギョウザ

［**材料**］（2人分）

◆皮

強力粉または全粒粉……カップ7分目
薄力粉……カップ2分目
塩……小さじ1/3
熱湯……50ml

◆具

ごぼう……1/2本
長ねぎ……1/3本（青いところでもよい）
キャベツ……70g
しょうが……1かけ（10g）
うまみ調味料、こしょう……各少々
塩……小さじ1/2
A［水……30ml
　 酒、しょうゆ……各大さじ1
片栗粉……大さじ1
サラダ油……大さじ1

［**作り方**］

◆皮

1　強力粉、薄力粉、塩を合わせてふるう。熱湯を少しずつ混ぜながらスプーンでかき混ぜ、やけどしないようにまとめて練る。

2　水や粉を足して調節し、耳たぶくらいのかたさになったら、3分くらいこねる。ソーセージのようにのばし、ラップにくるんで室温で1時間置く。

3　ラップを外して8～10等分し、片栗粉適宜（分量外）を打ち粉にして、めん棒で直径10cmくらいにのばす。

4　でき上がった皮は皿に重ね、ラップをかけておく。

◆具

1　ごぼう、長ねぎ、キャベツはみじん切りにしてボウルに入れ、塩をふって軽くもんでおく。しょうがは細かいみじん切りにする。

2　フライパンにサラダ油を熱し、中火で**1**の野菜を炒める。うまみ調味料、こしょうをふり、キャベツの香ばしいにおいがしてきたらしょうがを加え、さらに1～2分炒めて火を止める。

3　Aを合わせ、片栗粉をといて**2**に回しかける。木じゃくしでよく混ぜ、フライパンの中央に集める。

4　再び強火で1分間加熱して火を止め、よく混ぜて容器に移して少しさます。

◆包んで焼く

1　具を皮の枚数に合わせて等分し、皮の中央にのせる。皮の周囲に水をつけて二つ折りにし、上半分にひだをつけて包む（左ページ参照）。

2　フライパンにサラダ油大さじ2（分量外）を入れ、中火にかけてなじませる。

3　**1**を並べて中火で2分間焼き、水80～100ml（分量外）を周囲から回しかけ、ふたをして蒸し焼きにする。水が少なくなってきたらふたを取って水分を蒸発させ、さらに1分ほど焼く。

ツレのひとことメモ

強力粉の代わりに全粒粉でもよい。全粒粉を使うと写真のような茶色い皮になる。たれは、酢じょうゆや、ポン酢じょうゆ、ラー油を加えたしょうゆなどお好みで。

【ギョウザの包み方】

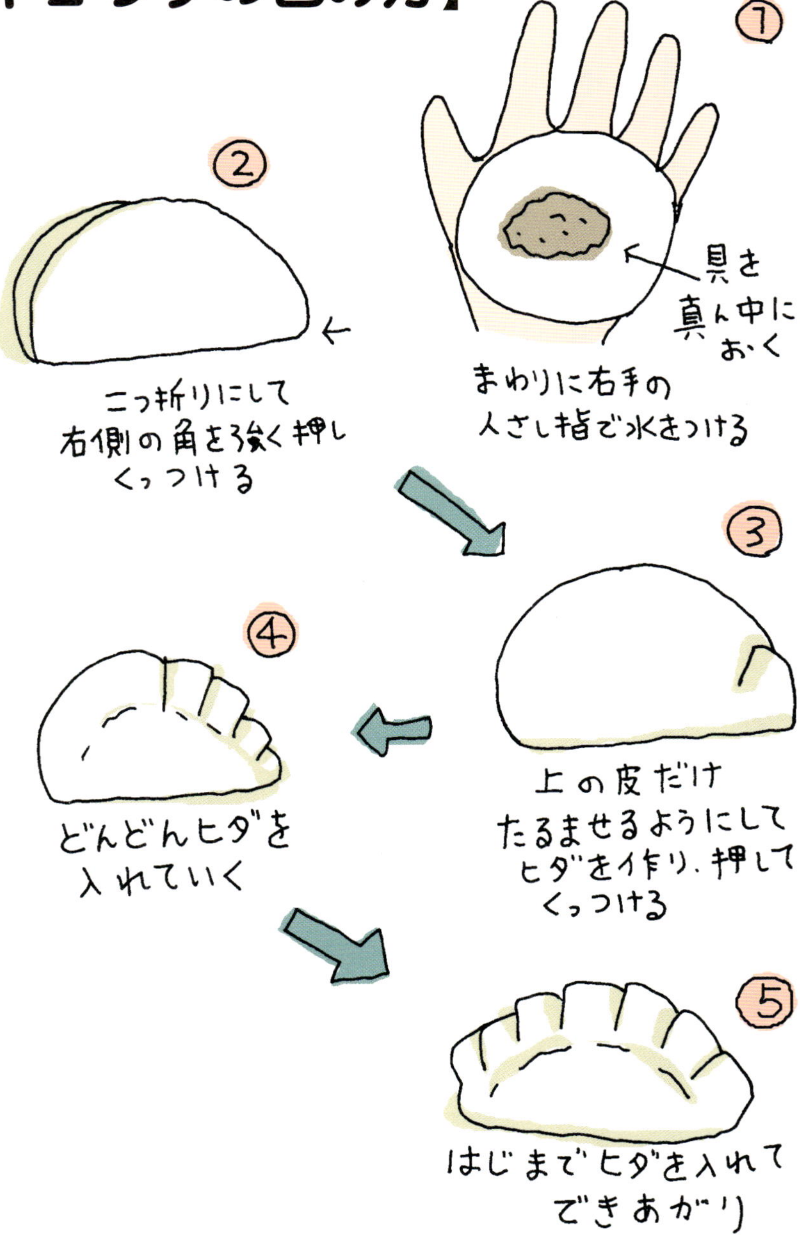
①
具を
真ん中に
おく
まわりに右手の
人さし指で水をつける
②
二つ折りにして
右側の角を強く押し
くっつける
③
上の皮だけ
たるませるようにして
ヒダを作り、押して
くっつける
④
どんどんヒダを
入れていく
⑤
はじまでヒダを入れて
できあがり

ニラと豆腐のギョウザ

［材料］（2人分）

ギョウザの皮　P.24参照
もめん豆腐……1/2丁
ニラ……1/2わ（80g）
にんにく……1片（10g）
しょうが……1かけ（10g）
塩……小さじ1/2
うまみ調味料、こしょう……各少々
A［水……30ml
　 酒、しょうゆ……各大さじ1
片栗粉……大さじ1
サラダ油……大さじ1

［作り方］

1　豆腐はさらし布に巻いて傾けたまな板などにのせ、おもしをして水けをきる。
2　ニラは粗いみじん切りに、にんにく、しょうがはみじん切りにする。
3　フライパンにサラダ油を熱し、にんにくとしょうがを中火で炒める。香りがたったらニラを加え、塩、うまみ調味料、こしょうをふり、かき混ぜながら炒める。
4　火が通ったら**1**を加え、木じゃくしでつぶしながら炒める。よく混ざり、適度に水分が蒸発したら一度火を止める。
5　Aを合わせ、片栗粉をといて**4**に回しかけ、中火で2～3分かき混ぜながら加熱する。ねばりけが出たら火を止め、容器に移してさます。
6　**5**を皮で包んで焼く（P.24参照）。

ツレのひとことメモ
豆腐の水きりは、30分～1時間程度。しっかりとした感じになるまで水けをきる。具は、さめるのに時間がかかるので注意。

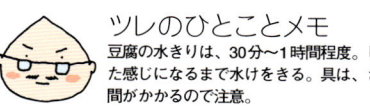

結婚してから8年目くらいまでは私が料理をしていた
えーと次はー
ペラ
いつまでたっても本を見ないとできない
たまにはギョウザが食べたい
サラリーマンツレ
！
ギョウザなんて作ったことないよ…
ニラと豆腐でギョウザ作れるから作ってみてよ
作り方を教えてもらった
べちゃー
豆腐の水きりが少ないよっ
はれっ
具を入れすぎてるよっ
私はギョウザがキライになった

コロッケギョウザ

[材料]（2人分）

ギョウザの皮　P.24参照
じゃがいも……………………………………………中2個
玉ねぎ…………………………………………………小1個
塩………………………………………………………小さじ1
こしょう…………………………………………………少々
サラダ油………………………………………………大さじ1

[作り方]

1　じゃがいもは皮つきのまま水から30分ほどゆでてざるにあげ、熱いうちに皮をむく。ボウルに入れてすりこぎなどでつぶす。玉ねぎはみじん切りにする。

2　フライパンにサラダ油を熱し、中火で玉ねぎを炒める。色が透き通り、茶色くなってきたら火を止めてさます。

3　**1**のじゃがいもに**2**を入れ、塩、こしょうを加えてよく混ぜる。

4　**3**を皮の枚数に合わせて等分して包み、蒸し器で15分ほど蒸す。

ツレのひとことメモ

ギョウザは、皮に包むとき、具を多めに詰め込むほうがよい。ソースは好みのもので食べる。ケチャップやマスタード、マヨネーズなども相性がよい。

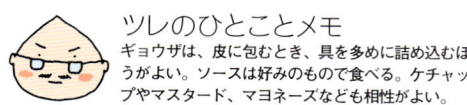

ツレ料理コラム 2

移動販売のギョウザとシュウマイ

会社勤めをしていた頃、夕方5時近くになると会社のそばを「ギョウザ〜ギョウザ〜」というかけ声とともに、移動販売車が走っていた。「肉・ギョウザ〜、野菜・ギョウザ〜」という声を聞いていると、お腹がすいてきているせいもあって、仕事を放り出して家に帰りたい気持ちになったものだ。

ある日、この移動販売ギョウザがわが家の近くにも来た。「野菜ギョウザ」の中味を興味本位で尋ねてみると、なんと肉は使っていないらしい。買い求めて食べてみたが、確かに「たけのこ、ごぼう、キャベツ」などが主な具材だった。

最近は、移動販売のギョウザ屋もとんと見ない。解散してしまったのだろうか？

移動販売といえば、群馬県桐生市には「コロリンシュウマイ」という移動販売の名物があるそうだ。

食感は皮だけのシュウマイという雰囲気らしいが、どうやらじゃがいも由来のデンプン質に刻んだ玉ねぎを混ぜているらしい。じゃがいもと細かい玉ねぎとくればコロッケの中味であろう……ということで、ギョウザの皮でコロッケの中味を包んだものを考えてみた。

シュウマイのように蒸して作ってみる。ソースをかけて食べてみる。まあまあうまい。

本家というか、発想の元をいただいたコロリンシュウマイは食べたことがない。一度食べてみたいものだ。

長ねぎのココット

[材料]（2人分）

長ねぎ……………………………………………1本
卵……………………………………………………2個
松の実……………………………………ひとつかみ
生クリーム……………………………………80ml
塩、こしょう…………………………………各少々
サラダ油……………………………………大さじ1

[作り方]

1　長ねぎは5mm厚さの小口切りに、松の実はみじん切りにする。

2　フライパンにサラダ油を熱し、長ねぎを弱火で10分くらいじっくり炒め、香りが出てきたら松の実も加える。塩、こしょうで味をととのえ、生クリームを入れよく混ぜる。生クリームが沸騰してきたら火を止める。

3　**2**を耐熱容器に移し、中央をくぼませて卵を割り入れる。

4　180℃のオーブンで15分焼き、白身が白くなったらでき上がり。

ツレのひとことメモ

僕が高校生のとき、受験勉強の夜食に自分で作って食べていた。「ねぎは頭がよくなる」と信じていたのだ。ブラックコーヒーとの相性がよいように思う。

Part 2

ツレ風ちょっと不思議ごはん

ツレはヨーロッパ育ちだ
ロンドン3年
パリ3年
埼玉の田舎で育った私には想像できない物が好きだったりする
えっこんなカビだらけのチーズが好きなの？
はじめて見たブルーチーズ
うん子供の頃から大好きだよ
一時、お米が取れなくてタイ米が出まわった頃
おおっロングライス!!なつかしい味っ
ツレは大よろこびでタイ米を買い占めていた
漬けものといえばピクルスかザワークラウトだし
今日和食なんだからザワークラウトやめてよ
なんで？漬けものだよ？

カゼひいた おかゆ 食べたい
なにこれ
オートミール 麦の おかゆだよ
お米の おかゆ…
こんなふうにビミョーに食の感覚がちがうので時々ケンカになることもあります
やだ フツーの おかゆが 食べたいっ
むかっ
ボクの うちでは これがフツー だったんだよっ
ちなみに食事のマナーもうるさい
スープは 音をたてずに かぽっと スプーンを 口に入れるっ
ずずず
パンを ひとかけ 残しておいて お皿に残った ソースをふいて 食べるっ
そうすると お皿がキレイ
つづく

厚揚げとクワイのあんかけご飯

[材料]（2人分）

ご飯	1合分
厚揚げ	1枚
クワイ（水煮缶詰）	100g
中華湯葉（乾燥）	30g
キクラゲ（乾燥）	10g
白菜（またはチンゲンサイの芯）	100g
長ねぎ	1本
ピーマン	1個
にんにく	1片（10g）
しょうが	1かけ（10g）
ゆで卵	2個
塩	小さじ1
こしょう、うまみ調味料	各適宜
A 水	100ml
砂糖	小さじ2
酒	大さじ1
しょうゆ	大さじ1
レモン汁	小さじ1
片栗粉	大さじ1
サラダ油	大さじ1 1/2
ごま油	大さじ1/2

[作り方]

1 湯葉とキクラゲは1時間ほど水につけてもどし、湯葉は3cm長さに、キクラゲは5mmほどの細切りに切る。

2 白菜は細かく切り、長ねぎ、ピーマンは細切りにする。厚揚げは2cm角に切り、にんにくとしょうがはみじん切りにする。

3 中華鍋にサラダ油、ごま油を入れて熱し、にんにくとしょうがを炒める。香りが出てきたら長ねぎ、次に白菜、ピーマンを加えて強火で30秒くらい炒める。

4 **1**とクワイを加え、塩、こしょう、うまみ調味料をふり、少し火を弱めて1～2分炒める。火を止めてから、厚揚げを加えて混ぜる。

5 Aをよく合わせて片栗粉をとき、**4**に入れて材料がくずれない程度によく混ぜる。ふたをして中火で1～2分蒸し焼きにする。

6 丼に小さな茶碗などを使って型どりしたご飯を盛り、**5**をかける。

7 ゆで卵を2つにちぎってあしらう。

ツレのひとことメモ

ここでのクワイは、中華の食材として売っているもの。ゆで卵に、塩、しょうゆなどで味つけしてもよい。ご飯は、玄米でもおいしい（写真は玄米）。

年末になると
ツレが必ず買う野菜
それはクワイだっ
……クワイってどう食べるの？
食べたことない
食べ方なんかいろいろあるよ「芽が出る」ってことでおせち料理にも入ってるでしょ
おせち料理なんかちゃんと食べたことないからわからない
次の年のお正月ツレはおせち料理を作ってくれた
あけましておめでとうー
クワイの煮物
全部ひとりで作ったの？
スゴーイ
ちゃんとクワイも入っていた

オートミールとレンズ豆のサラダ

[材料]（2人分）

◆オートミール

オートミール	1カップ強
牛乳	320ml
水	80ml
塩	小さじ1/4
はちみつ、シナモン	各適宜

◆レンズ豆のサラダ

レンズ豆（乾燥）	40g
レタス	30g
大根（千切り）	30g
オクラ（ゆでる）	4本
ブロッコリー（ゆでる）	40g
ミニトマト	2個
A オリーブ油	大さじ1
A ワインビネガー	大さじ3/4
A 塩、こしょう	各適宜
A マヨネーズ	大さじ1/2

[作り方]

◆オートミール

1 鍋に牛乳、水を入れて火にかけ、煮立ったらすぐ弱火にする。

2 オートミールを入れてかき混ぜ、塩を入れたらふたをして弱火で煮る。

3 3～4分煮てやわらかくなったら火を止め、ふたをしたまま2分ほど蒸らす。

4 器に盛って、はちみつ、シナモンをかけ、よく混ぜながら食べる。

◆レンズ豆のサラダ

1 レンズ豆はよく洗って30分水にひたす。

2 鍋に**1**とたっぷりの水を入れて弱火にかける。30分ほど煮たらざるにあげ、水けをきってボウルに移す。

3 **2**にAをすべて加え、よく混ぜる。

4 洗って水けをきったレタス、大根、オクラ、ブロッコリー、ミニトマトを器に盛り、**3**を添える。

ツレのひとことメモ

オートミールを煮るときは、ふきこぼれやすいので火加減に注意。レンズ豆はくずれるほど煮ないこと。ややかための状態がおいしい。

オートミール
あんまり好きじゃない
どーしてもっていうのなら食べるけど
レンズ豆
それほど好きじゃない
栄養はあるらしいけどね
君はヨーロッパ人の子供みたいだなあ
日本人の大人なんだけどねえ

松の実の入った中近東風ご飯

［**材料**］（2人分）

発芽玄米……………………………………………2合
水……………………………………………………360ml
コーン（冷凍）………………………………大さじ1
ピーマン（色とりどりそろえて）……………計50g
ミニトマト……………………………………………3個
オリーブ（種抜き）……………………………………4個
にんにく（みじん切り）……………………………1片分
レモン汁 ……………………………………………適宜
A ┌ 松の実 ………………………………………大さじ1
　│ 粉チーズ、クミンシード…………………各少々
　│ オールスパイス………………………小さじ1/2
　│ 塩 ……………………………………小さじ1/3
　└ こしょう……………………………………少々
オリーブ油……………………………………大さじ2

［**作り方**］

1　玄米は同量の水で炊いておく。

2　コーンは湯にくぐらせてざるにあける。ピーマンは1cm角、ミニトマトとオリーブは縦に4～6等分する。

3　フライパンにオリーブ油を入れて香りが飛ばない程度に軽く熱し、にんにくを少し色が変わる程度に炒めたら火を止めてさましておく。

4　ボウルに**1**、**2**、Aを入れて混ぜ、**3**を加えてさらに混ぜる。

5　小さな茶碗などで型どりして、皿に盛る。レモン汁をふって食べる。

※つけ合わせは、かぶのマリネ（P.56）、きゅうり、にんじん、コリアンダーの葉。

ツレのひとことメモ

イラン製の小粒いちじくやレーズンなど、ごく少量のドライフルーツを入れると美味。デイツの場合は、細かく切って火を通すと甘さが抑えられる。

ツレ料理コラム3

懐かしい中近東の味

物心がついた頃、僕はヨーロッパにいた。三つ子の魂百までというコトワザがあるが、〝魂〟の中でも味覚は、沁みついたものをずっと引きずっていくのかもしれない。

昔のヨーロッパは、今のようなボーダーレスの時代ではなく、各国がガンコなまでにアイデンティティを主張していた。そして、「ニッポン」などという東洋の果ての国のことは意に介さず、もちろん日本食の食材なんてものも手に入らなかった。僕の母は、日本から運んだ食材と現地でも手に入りやすい中華の食材で、日本の味を再現しようと努力していたようだ。

しかし、乾物など日本からわざわざ運ぶものは、一般的なものではなく高級品になってしまう。中華の食材は微妙に日本のものと違う。再現されたニッポンの味は、欧米の漫画のニッポン人のように微妙に現実とずれたものになってしまっていた。

当時も今も、ヨーロッパではニッポンの味よりも中近東の味のほうが簡単に手に入る。特に僕が4歳まで過ごしたイギリスでは、太陽の光がとても乏しかったため、砂漠で太陽の光をたくさん浴びたデイツ（ナツメヤシの実）を子供に食べさせるのが健康にいいと信じられていたようだ。そのため、僕はこのデイツをたくさん食べて育った。とても懐かしい味なのだが、日本の人にデイツを食べてもらうと「うわ～甘すぎる」と言われてしまう。写真は吉祥寺でカーペットを販売している「アリさん」にいただいたデイツ。デイツはとても甘いが、細かく切って料理に加え火を通すと、まろやかな甘みになる。

ナツメヤシの実を乾燥させたデイツ。
ミネラル分や食物せんいが豊富。

ベーグル

[材料]（小4個分）

強力粉 ……………………………………………200g
塩 ………………………………………………小さじ1/3
ドライイースト ………………………………小さじ1
砂糖 ……………………………………………大さじ1
はちみつ（なければ砂糖でも可）………大さじ3～4
水 …………………………………………100～130ml

[作り方]

1　強力粉と塩、ドライイーストを合わせてふるい、砂糖と水を加えて指先で混ぜる。さらに手のひらを使ってよく混ぜ合わせ、台の上か大きなボウルの中で5分ほど力を込めてこねる。

2　**1**をひとまとめにし、ボウルに入れてラップをかける。2倍程度にふくらむまで、温かい場所で1時間ほど発酵させる。

3　軽くこねてガスを抜き、4等分する。再度ラップをかけて10分ほど休ませる。

4　**3**の生地を円形につぶし、両端を折りたたんで下から巻き、両端が太い円柱にする。さらに台の上で転がして細長くのばしたら、片方の端をつぶす。つぶした端で反対の端を包み込み、リング状にする。

5　再度ラップをかけ、30～40分二次発酵させる。

6　鍋に湯3l（分量外）をわかし、はちみつを加えてよく混ぜる。火を止め、沸騰がおさまってから**5**をそっと入れる。20秒ほどしたら裏返し、さらに20秒置いて引き上げる。

7　**6**の水けをきってオーブンの天板に並べ、200℃のオーブンで15分焼き、余熱で5分ほど焼く。

ツレのひとことメモ

湯でもどしたドライトマトのみじん切りや、ナッツやドライフルーツを刻んだものを混ぜても楽しい。全粒粉を使うとカロリーが低くなるようだ。

近所のおそば屋さんにハチミツをもらった
でっかいハチミツいる?
てんてつさん
おおっ!!欲しいですっ
え?ツレハチミツなんて食べるっけ?
ベーグルを作る時必要なのさ
ベーグル?
この後ツレのベーグル講釈がはじまる
またひとつおりこうになった私たち…

マハラジャコロッケ

[材料]（2人分）

じゃがいも……中2個
玉ねぎ……小1/2個
レッドチェダーチーズ……80g
クルミ（乾燥）……30g
ころも
　薄力粉、卵、パン粉……各適宜
A［塩……小さじ2/3
　こしょう、クミン、パセリ（乾燥）……各少々
サラダ油……大さじ1
揚げ油……適宜

[作り方]

1　じゃがいもはよく洗い、皮つきのまま水から40分ゆでる。ざるにあげて熱いうちに皮をむき、ボウルに入れて木じゃくしなどでつぶす。玉ねぎはみじん切り、チーズは1cm角に切る。

2　フライパンにサラダ油を熱し、中火で玉ねぎとクルミをよく炒める。茶色くなったら火を止め、さましてから**1**のボウルに入れ、Aを加えよく混ぜる。

3　**2**をゴルフボール大にまるめ、チーズを2〜3個押し込む。よくまとめてから、やや平たくつぶす。

4　**3**の両面によくふるった薄力粉をまぶし、とき卵にくぐらせてからパン粉を全面にまぶす。

5　180℃くらいに熱した揚げ油で揚げる。

※つけ合わせは、ザワークラウト、ミニトマト、サラダ菜。

ツレのひとことメモ

コロッケにせず、春巻の皮で包んで揚げるとサモサ風になる。インド風でなく、ふつうのコロッケにしたい場合は、クミンをはぶけばよい。

Part 3

“イグがいて”こその野菜レシピ

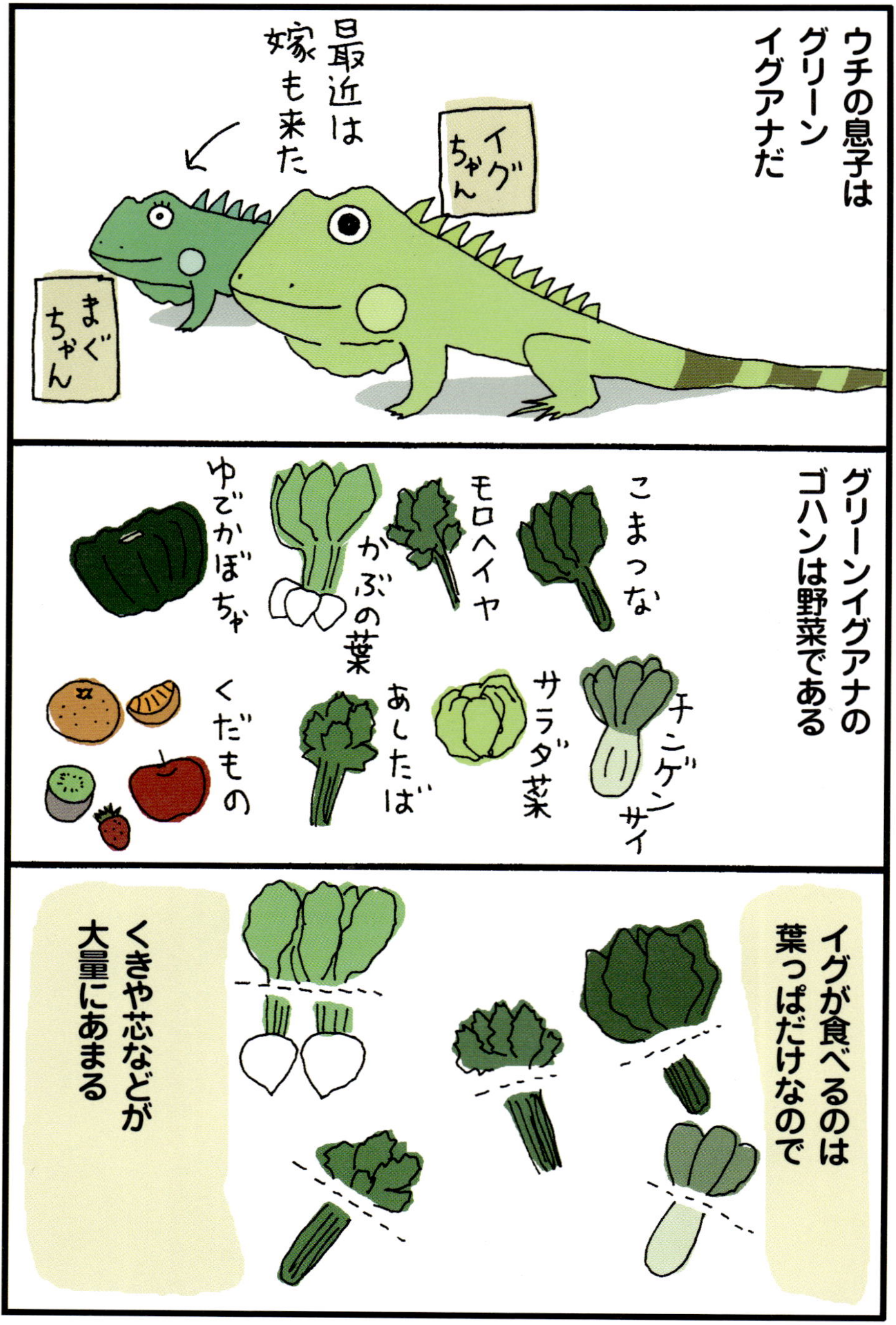
ウチの息子は
グリーン
イグアナだ
イグちゃん
最近は
嫁も来た
まぐちゃん
グリーンイグアナの
ゴハンは野菜である
こまつな
チンゲンサイ
モロヘイヤ
サラダ菜
かぶの葉
あしたば
ゆでかぼちゃ
くだもの
イグが食べるのは
葉っぱだけなので
くきや芯などが
大量にあまる

人間はあまった所を
毎日食べなければならない
えーまた
かぶ？
もうあきたよ
てんさんに
文句を言われない
レシピを
考えなきゃ
なあ…
あっ今日
イグがゴハン
残してる
何が悪かったん
だろう…
イグアナにも
人間にも
気をつかって
ツレは大変だ
つづく

おかゆセット
（葉野菜のふりかけ、れんこん素揚げつき）

［**材料**］

◆おかゆ（2人分）
米……………………………………………1/2合
緑豆、赤米、好みの雑穀（押し麦、もちきびなど）
……………………………………………各少々
水……………………………………………540ml強

◆葉野菜のふりかけ（作りやすい分量）
葉野菜（かぶの葉や茎、小松菜やチンゲンサイの芯など）……………………………200gくらい
しょうが…………………………2かけ（20g）
白ごま……………………………1/3カップ
塩…………………………………小さじ1/3
砂糖………………………………大さじ2
しょうゆ、酒……………………各大さじ2
サラダ油…………………………大さじ2

◆れんこん素揚げ（2人分）
れんこん…………………………200g
揚げ油、塩………………………各適宜

［**作り方**］

◆おかゆ

1　米に緑豆と赤米を加えてとぎ、2時間ほど水につけておく。

2　鍋に**1**と好みの雑穀、水を入れて弱火にかけ、40分ほど煮る。

◆葉野菜のふりかけ

1　葉野菜は細かいみじん切り、しょうがはみじん切りにする。白ごまはすり鉢ですっておく。

2　フライパンにサラダ油をひき、葉野菜を炒める。炒め始めてすぐ塩を加え、水けが出てきたら砂糖、しょうゆ、酒を加える。

3　焦げつかないように、かき混ぜながら煮詰め、水けがほとんどとんだら、しょうがを加え混ぜる。

4　さらに水けがなくなって、パラパラとした感じになったら火を止め、白ごまを加えてよく混ぜる。

◆れんこん素揚げ

1　れんこんは皮をむき5mm厚さの薄切りにし、酢水（水2lに対し酢大さじ1・分量外）にさらしておく。

2　**1**を取り出し、キッチンペーパーでよく水けをとっておく。

3　揚げ油を180℃ほどに熱し、**2**を揚げる。少し縮んでキツネ色になったらキッチンペーパーに取り、さめたところで塩をふる。

※つけ合わせは、だし巻き卵と芽キャベツを軽く炒めたもの。

ツレのひとことメモ

葉野菜のふりかけは、あり合わせの材料でできるから便利。れんこんは、新物や真っ白でアクがなさそうな場合は酢水にさらさなくてもよい。

ダイエットの時 うちでは ゴハンが おかゆになる
なので おかゆに合う ふりかけを ツレが 作ってくれた
レンコンの 素揚げも おかゆに合う
でも揚げ物 っていうのは ダイエット中に どうなの？
そういえば そうだねえ
まあほんの ちょこっとだから 平気じゃないの？
確かにほんの ちょこっとだしね
はー
お腹いっぱい 揚げ物 食べたいね…
もう食べおわった
おかゆセットは おいしいけど ダイエットはつらい

野菜のパエリア

[材料]（2人分）

米……………………………………………1カップ
玉ねぎ………………………………小1/2個（80g）
にんじん……………………………1/4本（50g）
ピーマン（色とりどりそろえて）………………計50g
マッシュルーム（石づきを取って）………………70g
水……………………………………………1カップ
塩、こしょう、パプリカ粉末（あれば）………各少々
オリーブ油………………………………大さじ1

[作り方]

1　米はといでざるにあげ、30分ほど置く。

2　玉ねぎ、にんじん、ピーマン、マッシュルームはそれぞれみじん切りにする。

3　フライパンにオリーブ油を熱して**2**を入れ、中火でよく炒める。

4　**1**を加え、塩、こしょう、パプリカをふる。米がやや透き通るくらいまで炒める。

5　水を加えてふたをし、火を少し弱める。7〜8分たって水けがなくなり、パチパチと音がして焦げ始めたら火を止め、ふたをしたまま10分蒸らす。

※下にサラダ菜を敷いて。

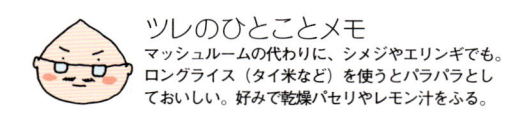

ツレのひとことメモ

マッシュルームの代わりに、シメジやエリンギでも。ロングライス（タイ米など）を使うとパラパラとしておいしい。好みで乾燥パセリやレモン汁をふる。

パエリアは
パエリャ・ピラウー
ピラフ と国によって
呼び方がちがう
インドでは
ビリヤニ
へー

ニラとエリンギの卵とじ

［材料］（2人分）

ニラ……………………………………………1/2わ（80g）
エリンギ ………………………………1～2本（50g程度）
玉ねぎ……………………………………………小1/2個
卵 …………………………………………………3個
塩…………………………………………………小さじ1/2
こしょう …………………………………………少々
サラダ油…………………………………………大さじ1

［作り方］

1 ニラは2cm長さ、玉ねぎは薄切りにする。エリンギは石づきを取って、手でいくつかにさく。

2 フライパンにサラダ油を熱し、中火で玉ねぎを炒める。玉ねぎが透き通ったら、**1**を加え、塩、こしょうをふってよく炒める。

3 少し火を弱め、卵を泡立て器でよく溶いて加える。固まってきたら少しずつかき混ぜ、全体が固まるようにフライパンの中央にまとめる。

ツレのひとことメモ

ニラの代わりに、にんにくの芽を細長く切って使うのもよいが、よく炒めて火を通すこと。ソースやポン酢しょうゆ、黒酢などで食べてもおいしい。

うちで一番
スタミナのつく
料理だな
ニラ・卵・きのこ
……

チーズギョウザ

[**材料**](2人分)

ギョウザの皮　P.24参照
ナチュラルチーズ……………………………50～70g
サラダ油 …………………………………大さじ3～4

[**作り方**]

1　ナチュラルチーズを1.5cm角に切り、ギョウザの皮で包む。皮はしっかり閉じておく。

2　フライパンにサラダ油を熱し、**1**をそっと置く。ふたをせずに中火で揚げるように焼き、表面がきつね色になってきたら裏返す。ギョウザの形に合わせ、表、裏、底の3面がこんがりした色になるまで焼き、キッチンペーパーの上に取る。
※つけ合わせは、ゆでたほうれん草。

ツレのひとことメモ

チーズは、モツァレラチーズ、チェダーチーズ、ゴーダチーズなど。エメンタールチーズはとくにおいしい。相棒はケチャップをかけて食べている。

私が主婦をやっていた頃お弁当のおかずに悩んでました
明日どうしよう…
お友だちと居酒屋さんに行った時
へぇー チーズギョウザだってどんなのだろ
かわってるねー
ためしに頼んでみた
おいしい!!
簡単そうだし私にも作れるかも
次の日ツレのお弁当のおかずにしてみたところ
すごくおいしかったよ!!
と大評判
その後、お弁当のおかずに悩まされなくてすみました
チーズギョウザは毎日でも喜んでくれるから楽っ

ツレ料理コラム4

愛用調理道具

今回、身の回りの調理道具を改めて見直してみたのだが、僕の愛用している調理道具の中でも、極めつけは20年以上前に作られたと思われる「ホームヨーグルター」だ。これに市販のヨーグルトを1さじと、牛乳1リットルを入れて、5〜6時間温めておく。すると1リットルのヨーグルトができてしまうのだ。ホームヨーグルターと同じくらい古いものに「ミキサー」がある。これは母が使っていたものを譲り受けたと記憶しているので、その記憶が正しけれ

20年以上前に製造されたらしい「ホームヨーグルター」。年季は入っているが、まだまだ現役。

右から、パン粉を作っている「チョッパー」、フランス語の「軽量カップ」、「カプチーノ・クリーマー」。期せずして似たサイズの3品。

ば30年選手だ。

ほかには、フランス語でいろいろな材料の目盛りが刻まれた「計量カップ」や、スパイス屋の軒先に置いてあったのを買ってきた「石製のすり鉢とすりこぎ」がある。友人にもらった「カプチーノ・クリーマー」は、温めた牛乳を入れてがしゃがしゃとレバーを押すだけで、カプチーノに浮かべる生クリームのような牛乳が簡単にできる。カプチーノ・クリーマーと同じような形状だが、本来は玉ねぎのみじん切りを作るらしい「チョッパー」は役に立たず、包丁を使ったほうが簡単にみじん切りができる。しかし、乾燥したフランスパンを入れてパン粉を作るのには都合がいい。

スパイスの調合に使うすり鉢とすりこぎは、石製。エスニック料理を作るのに重宝している。

ミキサーは母から譲り受けたもの。ジュースやポタージュ作りに活躍している。

このお皿は
「イグちゃん」の絵が
描かれている。

かぶのマリネ

[材料]（2人分）

かぶ……………………………………………………3個
ナッツ（カシューナッツ・クルミなどみじん切り）…30g
A 酢 ………………………………………1/2カップ
　塩 ………………………………………小さじ1
　砂糖 ……………………………………大さじ1
　オリーブ油 ……………………………小さじ2
こしょう、粉チーズ ……………………………各少々

[作り方]

1　かぶはよく洗い、皮をむいて8等分する。
2　ボウルにAを入れよく混ぜる。
3　**2**に**1**を入れる。水分が出るのでときどきかき混ぜながら小1時間ほど漬け込む。
4　引き上げて皿に盛り、ナッツ、こしょう、粉チーズをふる。
※下にサラダ菜を敷いて。

ツレのひとことメモ

新鮮なかぶや赤かぶは、皮つきのままよく洗って使うとよい。かぶの葉や茎を少しだけ刻んで混ぜると彩りがよい。時間がないときはかぶをスライスして。

イグゴハンの残りのかぶが
こんなに残ってるよー
葉つきのかぶはイグの大好物葉っぱだけのねだんと考えてもいいくらい価格もお手頃
イグが食べる所
だから気がつくとどんどん買ってきちゃって白い所がたくさん残るんだよな…
ふーん
新しいうちに食べないとすじすじした物が入ってくるのもつらい
すじすじしたもの
スープ
大根のかわりにかぶおろし
カレー
いろいろ試したけどマリネが一番だなあ…
ふーん

いものサブジ

[材料]（2人分）

じゃがいも……………………………………中2個
コリアンダーの葉…………………………ひとつかみ
にんにく………………………………………1片（10g）
クミンシード…………………………………………少々
マスタードシード……………………………………少々
塩 ………………………………………………小さじ2/3
こしょう ……………………………………………少々
サラダ油………………………………………大さじ2

[作り方]

1 じゃがいもはよく洗い、皮つきのまま蒸し器で30分程度蒸す。皮がやぶれてくる直前くらいで取り出し、少しさめてから皮つきのまま食べやすい大きさに切る。

2 コリアンダーの葉はざく切りに、にんにくはみじん切りにする。

3 フライパンにサラダ油をひき、クミンシードとにんにくを強火で炒める。1分ほど炒めたら火を弱め、**1**を加えて塩、こしょうをふる。

4 かき混ぜながら炒め、じゃがいもにいい焦げ目がついてきたら、コリアンダーの葉とマスタードシードを加える。マスタードシードがはぜない程度に火を弱め、ふたをして1～2分蒸す。

※つけ合わせはれんこん、かぶ、みょうが、セロリのピクルス（自家製）。

ツレのひとことメモ

サブジは「蒸し煮」という意味らしい。じゃがいもだけでなく、カリフラワーなどの花野菜をゆでて一緒に炒めると「アル・ゴビ」という料理になる。

Part 4

ニセもの？○○風レシピ

ツレはアレルギーで肉と魚が食べられない
20歳の頃ものすごいヒフ病になり医者に体質改善しなさいと言われ肉・魚をやめたら治ったのだとか…
それ以来こわくて食べられませんっ
当然わが家の食卓に
豆腐
野菜
卵
野菜
肉と魚は出ない
でも私はお肉もお魚もスキ
にくっ

さかなっ
時々、肉や魚がむしょーに食べたくなる
回転ずし
チラシを見て味を想像する
じゃあニセ物の肉や魚料理を作ってあげよう
精進料理にはニセの魚料理やニセの肉料理がある
わーっ本物のうな丼みたいっ
味もそっくりだよ
いただきまーす
もぐもぐ
やっぱりニセ物は本物に勝てない…
えっ
ダメ？
つづく

ニセ麻婆豆腐

［**材料**］（2人分）

厚揚げ	1枚
玉ねぎ	小1/2個
にんにく	1片（10g）
しょうが	1かけ（10g）
長ねぎ	1/2本
長なす	2本
A　豆鼓（つぶす）	2～3粒
甜面醤	大さじ1
しょうゆ	大さじ1/2
豆板醤	小さじ3
酒（または老酒）	大さじ1
砂糖	小さじ1
塩	小さじ1/3
こしょう	少々
水	1カップ
片栗粉	小さじ2
サラダ油	大さじ6
ごま油	大さじ1

［**作り方**］

1　玉ねぎ、にんにく、しょうがはみじん切りにする。長ねぎは斜め薄切りにする。なすは縦に8等分に、厚揚げは2cm角に切る。

2　中華鍋にサラダ油を熱し、玉ねぎを少しずつ加え、揚げるように焦がしながら混ぜる。

3　火を止め、Aをすべて入れる。

4　にんにく、しょうがを加えて中火で炒め、ねぎの半量を加えてごま油を入れる。つねにかき混ぜながら炒める。

5　にんにくの炒めた香りがしてきたら、なす、厚揚げ、残りの長ねぎを加え、強火で1分ほど炒めて火を止める。

6　水に片栗粉を入れてよく溶き、**5**に入れたらサラダ油（分量外）をひとたらし入れ、すぐによく混ぜる。

7　強火にして1～2分加熱する。とろみが焦げるくらいにしてもよい。

ツレのひとことメモ

厚揚げの代わりにもめん豆腐でもよい。その場合は、塩水で1～2分ほどゆでておくと煮くずれしない。仕上げに花椒粉を散らしてもよい。

ツレは料理番組が好きだ
じゅー
メモ↑
マーボー豆腐かーおいしそうだなあ
ひき肉が入るんだよなぁ
肉の代わりになるもの…
うーん
何がいいかなあ
ごろん
ツレはこうやってオリジナルレシピを考えてる時が
何だろなぁ
シアワセ♥

洋風マイルドカレー

[**材料**]（2人分）

玉ねぎ	中1個
じゃがいも	小4個（100g）
にんじん	中1本
マッシュルーム	4個
にんにく	1片（10g）
しょうが	1かけ（10g）
水	600ml
ローリエ	1枚
バター	30g
トマトペースト	大さじ1
薄力粉	大さじ3
カレー粉	小さじ1～2
塩	小さじ1
砂糖	小さじ1
サラダ油	大さじ2

[**作り方**]

1　玉ねぎは半分を乱切り、残りの半分を薄切りにする。じゃがいもは皮をむき、にんじんは皮をむいて5mm厚さに切る。マッシュルームは石づきを取り、半分に切る。にんにく、しょうがはおろしておく。

2　鍋にサラダ油を熱し、乱切りの玉ねぎを炒める。じゃがいも、にんじん、マッシュルームを入れ、軽く炒めたら水、ローリエを入れ、すぐにふたをして弱火で煮込む。20分ほど煮たら火を止め、ローリエを取り出してふたを取ったままさましておく。

3　フライパンにバターを熱し、残りの玉ねぎをやや強火で炒める。茶色くなってきたら弱火にし、にんにく、しょうが、トマトペースト、塩を加えてさらに炒める。

4　水けがなくなったら薄力粉とカレー粉を加え、5～10分しっかりと炒める。

5　**2**がふれても熱くないくらいさめたら、じゃがいもとマッシュルームを取り出す。残りをミキサーに入れ、なめらかになるまでかくはんする。

6　**5**を鍋に戻し、**4**と砂糖を加えて火にかけ、かき混ぜる。とろみがついたらじゃがいもとマッシュルームも戻して3～4分煮込む。

※つけ合わせは、ゆで卵と塩もみキャベツ。

ツレのひとことメモ

トマトペーストの代わりに、ホールトマト缶のジュース大さじ2でもよい。好みで生クリームをあしらってもよい。ご飯にかけて食べる。

日本人のカレーというとインドのカリーじゃなくてルウのカレー
だけど私は市販のルウを食べるとお腹をこわす
あいたた
ルウを自分で作ってみたよ
うーん……
あっさりしすぎていておいしくない
そんなときNHKの番組で究極のカレー作りというのをみたことがヒントになった
へえ…材料をいちどミキサーで粉々にしちゃうんだ…
メモメモ
しっかり勉強してくれよ
ツレの料理の先生はテレビだ

ツレ料理コラム5

頭の中の理想の料理と現実の料理

僕は料理が好きなので、よく頭の中で食材と調理方法の組み合わせをシミュレートしている。

季節の旬の野菜などでは、本当に「見事！」と声をかけたくなるような逸品と出遭うこともある。そうした野菜を買ったときは、ありきたりの方法でなく、なんとかしておいしく調理してみようと心が奮い立つことがある。

場数を踏んでからは失敗もだいぶ減ったのだが、頭の中で考えた通りに結果が出ないケースも往々にしてある。にんじんのナゲットがそうだった。

ある日、ビューティーでみずみずしいにんじんを手に入れた。僕はその調理方法として「揚げる」ことを考えた。

そして、そのにんじんをすりおろし、パン粉や小麦粉と混ぜて揚げてナゲット状にしてみようと思い立ったのである。

低温の油でじっくり揚げて、できばえもなかなかよかったので写真にも撮ったのだが……。

しかし、その味は相棒いわく「生焼けのお好み焼き」であった。

すりおろしたにんじんには、思っていたよりも水分が多かったようだ。小麦粉やパン粉と混ぜてみたものの、考えていたよりもずっと火が通りにくい具材になってしまっていたらしい。

これが、「にんじんのナゲット」。見栄えはなかなかだと思うが……。

ツレが思いつきで作る料理
たいてい見栄えはそれっぽい
おいしそうっ
「ふ」のカツ
キャベツ
にせウナ丼
しかし、見栄えをととのえることに気をつかいすぎているのか
ハシが止まる
味はイマイチ
逆に残りものばかりで作った料理が、意外においしかったりする
コチュジャン
豆腐
もやし
ニラ
ゴマ
きのこ
卵
ねえ、あの韓国風なべまた作ってよ
えーもう作り方忘れちゃったよ
おいしいのに限って二度と作れない

アボカドののり巻き

[材料]（2人分）

米……1合
アボカド……1/2個
きゅうり……1/2本
にんじん……少々
ナチュラルチーズ……30g
しそ……4枚
とんぶり……大さじ2
のり（のり巻き用）……2枚
A
- 酢……大さじ3
- 砂糖……大さじ3
- 塩……小さじ1

[作り方]

1　米はといで、かためにたく。
2　Aをボウルに合わせ、**1**を入れてよく混ぜる。うちわなどであおいでさましておく。
3　アボカドは2つに割って種を抜き、縦に4等分し、きゅうりは短冊切り、にんじんは千切り、ナチュラルチーズは拍子木切りにする。しそは軽く洗っておく。
4　巻きすにのりをのせ、上下に余白を残して**2**を均等にひき、**3**と、とんぶりをのせる。
5　巻きすの手前を持ち上げ、均等に形を整えながらのり巻きの部分だけを巻く。最後に全体に巻きすをかぶせてしっかりと形を整える。
6　巻きすをはずし、食べやすい大きさに切る。
※つけ合わせは、しょうがの甘酢漬け、ゆでたミニアスパラガス。

ツレのひとことメモ
塩の代わりに、こんぶつゆの素大さじ2でもよい。わさびじょうゆで食べる。のりには裏表があるらしいが、いまだにどちらを使うべきかよくわからない。

映画とかでアメリカ人がスシ・バーに行って
カリフォルニアロール
って言うのを聞いて何だろうって思ってた
カリフォルニアロールはアボカドのお寿司だ
ここに入ってる
他にエビとかレタスとか入ってる
アボカドは果物のくせにワサビじょうゆがよく合うへんな果物だ
半分に割るとでっかい種が入ってる
そういえばとんぶりっていうのもヘン。木の実だそうだけど「丘のキャビア」ってキャッチフレーズ
黒いつぶつぶ
見た目キャビア？
それにツレの大好きなナチュラルチーズ
今日はお寿司だやっほう‼
わが家でお寿司といえばそんなものが材料です

豆腐ステーキ

［**材料**］（2人分）

もめん豆腐……………………………………………1丁
薄力粉………………………………………1/2カップ
玉ねぎ……………………………………………小1/2個
にんにく　………………………………1片（10g）
きのこ類…………………………………………約50g
コーン（冷凍）……………………………3/4カップ
酒、しょうゆ…………………………各大さじ1
塩、こしょう………………………………………各少々
サラダ油…………………………………………大さじ4

［**作り方**］

1　もめん豆腐はさらし布に巻いて傾けたまな板などにのせ、おもしをして30分ほど水きりをする。横に包丁を入れ、2枚にする。表面に塩、こしょうをふり、薄力粉を両面にまぶして余分な粉は落とす。

2　玉ねぎ、にんにくは薄切りにし、きのこ類は適当な大きさに切る。

3　フライパンにサラダ油大さじ2を熱し、中火でにんにくを揚げ、炒める。色がついたらにんにくだけ取り出す。

4　**3**のフライパンで玉ねぎときのこ類を炒め、軽く塩、こしょうをふる。酒、しょうゆ、**1**の残った薄力粉を入れてよく混ぜ、さらに炒めてから皿に取る。

5　フライパンにサラダ油大さじ2を足し、**1**をそっと入れる。きつね色になったら裏返して両面を焼く。

6　**5**のフライパンの空いたところにコーンを入れ、塩、こしょう、しょうゆ2〜3滴（分量外）を加え炒める。

7　皿に取り、**5**に**4**をかける。

※つけ合わせは、ゆでたじゃがいも、ブロッコリー。

ツレのひとことメモ

きのこ類は、エリンギ、シメジ、えのきたけ、生しいたけ、マイタケなど。2〜3種類のきのこを使ってもよい。

近所に、いつも煙をもうもうと出しているステーキハウスがある
テキサスマック
アメリカの西部劇を意識したような感じの作りで…
お客もこんな感じ
くちびるが油でギトギトしている
女の人もお腹が強そう
※イメージです
「ビフテキ」って言葉があるけどなんかビフビフしてテキテキで強そう
※イメージです
ビフって感じ
テキって感じ
うちはお豆腐のステーキだよ
お腹にやさしいよー
「トフテキ」かあいかにも弱そうな感じ・・・・

ツレ料理コラム 6

中華は素食

僕はプチ・ベジタリアンなので、動物の体を食べない（乳製品や卵など命にかかわらない、動物性たんぱく質はいただくことにしている）。

中華料理は、豚肉をはじめ、四足二本足の動物をどんどん材料にする印象がある。一見僕には縁遠い世界のようだ。

だが、中華料理には「素食」と名づけられた菜食主義のレシピが存在する。輸入の中華食材を扱っているお店に行くと「素火腿」「素鶏」などとパッケージに書かれた商品があるが、この「素」がついている食材は、湯葉や大豆グルテンで作られた、「もどき」肉なのだ。

この、もどき食品は、けっこうリアルに作られていて、その再現のための執念がちょっとやり過ぎと思えるときもある。僕は肉や魚自体が今ではあまり好きではないので、もどきとわかっていても腰がひけてしまうリアルさがある。

もどき食品以外にも、素食や一般の中華料理でよく利用されている「中華ゆば」「中華くわい」「きのこ類」「乾物」などは食材として独特の味わいがあり、さまざまな応用が利く。肉や魚を用いなくなったことで、それに代わることのできる食材が、実は山のように存在することにはじめて気づかされたのだ。

中華料理には、意外にもベジタリアン用の食材が豊富。中華食材の専門店で購入できる。

Part 5

ほっとなごむ定番の味 和の食卓

ツレは15歳の時から おばーちゃんと 暮らしていた
おばーちゃんは あまり料理が得意ではなかった
でも
料理は気楽に 簡単にできる コツさえつかんで おけばいいんだよ
15のツレ
ツレに料理の 基本を 教えてくれたのが おばーちゃんだった
大根の皮は こうむくの
和食料理は ほとんど おばーちゃんの 味だ
わー今日は けんちん汁だね

あっ この味 うちのと 同じ味だっ
おばーちゃんも 北関東の人 だから 一緒なんだね
そうだね
おかわり あるけど 食べる？
じゃあ 少し
まだまだ たっぷり あるから 遠慮しないで
えっ 少しでいいよ
北関東の人は 食べても食べても 食べさせるのが 好きだが
もっと たくさん 食べれば いーのに
もう お腹いっぱい
ツレは和食の時に なると北関東の人に なってしまうことがある
つづく

だし巻き卵

[材料]（2人分）

卵……………………………………………3個
長ねぎ………………………………………1/3本
葉野菜………………………………………30g
A ┌ 砂糖 ………………………………大さじ1
　│ 塩 …………………………………小さじ1/2
　│ 酒 …………………………………小さじ2
　└ こんぶつゆ ………………………大さじ1
サラダ油……………………………………大さじ2

[作り方]

1　長ねぎは5mm幅の小口切り、葉野菜はみじん切りにする。

2　ボウルに**1**、卵、Aを入れ、泡立て器でよく混ぜる。

3　フライパン（あれば卵焼き器）にサラダ油をひいて中火で熱し、**2**を玉じゃくし1杯分入れる。

4　卵が固まってきたらフライ返しでまとめ、返しながら直方体にする。

5　**2**の玉じゃくし1杯分を**4**の上からかけ、下にも卵液を流す。少し焼けたら返して**4**のようにまとめる。**2**がなくなるまで4〜5回繰り返す（P.77参照）。

6　まな板の上などに取り出し、食べやすい大きさに切る。

※つけ合わせは、ゆでたブロッコリーと大根おろし。

ツレのひとことメモ

葉野菜は、小松菜、チンゲンサイ、豆苗などを使うとおいしい。好みで、しょうゆかポン酢しょうゆをかけて食べる。

【だし巻き卵の巻き方】

①
お玉一杯の
卵液
②
フライ返しを
使って直方体に
③
上から卵液を
かける
④
卵を持ち上げて
そのままずらして置き
下にも卵液が
つくようにする
⑤
ひっくり返す
↑③から
くり返し

切り干し煮

［材料］（4人分）

切り干し大根……………………………………………50g
干ししいたけ（スライス）……………………………20g
にんじん ……………………………………………中1/3本
里いも…………………………………………………中2個
板麩（1cm幅に切る）…………………………4～5枚
砂糖 ……………………………………………大さじ1
酒 ………………………………………………大さじ3
うす口しょうゆ ……………………………………大さじ2

［作り方］

1　切り干し大根と干ししいたけは水でもどしておく。にんじんは皮をむいて千切りにする。里いもは皮をむき食べやすい大きさに切る。

2　水200mlくらい（分量外）、砂糖、酒を鍋に入れて火にかける。すぐにうす口しょうゆと**1**を加えて煮る。

3　沸騰したら火を弱め、30分くらいコトコト煮る。アクが浮いてきたら取り、水けが少なくなったら適宜水を足す。

4　仕上がり10分前くらいに板麩を入れる。

ツレのひとことメモ

しょうゆを加えるタイミングで、あればこんぶつゆの素を加えてもよい。多めに作って常備菜に。冷蔵庫で冷やして食べるのもおいしい。

水で戻しただけの切り干し大根がサラダに入るのがブームの時があった
僕が好きだったシュークルートに似てるんだよう
サラダに切り干し……
※シュークルート←ザワークラウト

ツレ料理コラム 7

わが家の食器

もともと食器にはそれほどこだわりはないほうだった。発泡スチロールの容器や紙のお皿では、さすがに気持ちのいいものではないが、100円ショップで買ってきたものでも、それなりに愛着はわくものだ。

その僕が食器に開眼したのは、地元のアトリエ「どんぐりころころ」さんで多くの食器を作る作家さんとの出会いがあったからだ。僕よりも先に、相棒のほうがいい食器をこつこつと手に入れていたのだが。

いい食器を使うとなると、料理にも力が入る。やはり作家さんの創作に対する厳しさが、僕にも手を抜くことを許さないのだろうか。

僕の料理の写真にも、我が家にある食器がいろいろと登場しているが、ここでは作家別に食器だけを写真に撮ってみた。

1番上の写真は、越前焼きをベースにラオスや東南アジアでの修行の成果を加えた「ＮＩＮＯ」の堀仁憲君の作品。点数は多くないが、素敵な急須は、毎朝の紅茶や夕方の中国茶をいれるのに重宝している。右前ガラス器は前田一郎さんのもの。手吹きならではのいびつさは相棒好み。左前の陶器は中山典子さんの作品。麻婆豆腐を盛ったりしている。

2枚目の白磁の食器は、山梨県の「陶房のぎ」で作られたもので、森山淳さんの作品である。シンプルな味わいだが、曲線と直線の組み合わせ方がとてもきれいだ。磁器ならではの澄んだ硬い質感も素晴らしい。

3枚目は相棒ともどもお世話になっている「陶房SUNAO」の小泉すなおさんのもの。小泉さんは「ツレがうつになりまして。」にも登場した美人シーサー作家。食器はごつごつした砂目の味わいを活かした陶器である。相棒が絵付けした皿もあり、手前の2点は毎朝トーストをのせるのに活躍している。

4枚目。左奥の漆器は野口義明さんの作品。汁物に重宝。右奥のどんぶりは「行人窯」の脇田正行さんの作品。ごはんや麺類に大活躍だ。左手前は中島淳一さんの作品。ひや麦やうどんをたっぷり盛っている。右手前は森下真吾さんの作品。素朴な味わいでいくつかの料理を盛り合わせるにもいい。

「NINO」の堀仁憲君、前田一郎さん、中山典子さんの器。

「陶房のぎ」の森山淳さんの白磁の器は、すっきりしたたたずまい。

「陶房SUNAO」の小泉すなおさんの器と、相棒の絵皿。

野口義明さん、脇田正行さん、中島淳一さん、森下真吾さんの器。

たけのこご飯

［**材料**］（2人分）

米……1合
ゆでたけのこ……80g
こんにゃく……約50g
厚揚げ（角の部分）……約50g
水……270cc
A こんぶつゆの素……大さじ1
　酒、しょうゆ、砂糖……各小さじ1

［**作り方**］

1　米は、といでざるにあけておく。

2　たけのこは細長く切り、こんにゃくはアク抜きして小さくちぎる。

3　厚手の鍋に水、A、**2**を入れ、ふたをして弱火で1時間煮る。厚揚げは薄切りにする。

4　**1**を加えひと混ぜし、再度ふたをして煮る。

5　再沸騰してから12～13分で炊き上がる。水けがなくなって焦げつかないように注意。蒸気が出なくなったら火を止め、ふたをしたまま10分蒸らす。しゃもじでよく混ぜてから茶わんに盛る。

ツレのひとことメモ

厚揚げの代わりに、千切りの油揚げ1/2枚分でもよい。こんぶつゆの代わりに、こんぶだしの素かこぶ茶の粉末小さじ1でもよい。

たけのこを
マイタケやシメジに
かえると きのこゴハンに
山菜にかえると
山菜ゴハンに
なります

けんちん汁

[**材料**]（2人分）

ごぼう……1/3本（70g）
にんじん……1/2本（80g）
里いも……小2個
ブナシメジ……1/2パック
こんにゃく……小1枚（150g）
もめん豆腐……1/2丁
水……500ml
こんぶつゆ、うす口しょうゆ……各大さじ1
塩……少々
ごま油……小さじ2

[**作り方**]

1　ごぼうは表面を洗い、包丁の背でこすって軽く皮をむき、ささがきにする。にんじんは皮をむいて乱切りに、里いもは皮をむいて4〜5等分にする。ブナシメジは石づきを取って小房に分ける。

2　こんにゃくは水からゆでてアク抜きする。豆腐も水からゆで、煮立ったらざるに取っておく。

3　鍋にごま油を熱し、**1**と手でちぎったこんにゃくを入れて油をなじませるように炒める。

4　水を加え、こんぶつゆ、うす口しょうゆ、塩少々で味をつけ、中火で加熱する。

5　沸騰したら弱火にして豆腐をちぎってそっと入れ、ふたをしてさらに30分ほど煮る。

ツレのひとことメモ

ダイエットメニューのときは、ごま油の代わりに、1〜2滴のサラダ油で炒める。残ったら、スイトンなどを入れて温めなおして食べるのもおいしい。

Part 6

ふたりの好きなパスタ

パスタ料理…唯一私が本を見ないで作れる料理です…
ツレが調子を悪くしてねこんだ時私が作れる物
それがパスタ料理…
しかし調子の悪い時消化に悪いパスタ料理は
ゴメンツレ
あまり食べたくないかも
ツレは冷蔵庫にある残り物を使って
よくパスタ料理を作る

今日はイグの残り野菜で作ってみたよ
わっ はげしく緑色っ
でも おいしい
ツレが残り物を使っておいしく作ってしまえる料理
700gの束
それがパスタ料理
ツレはうし印のパスタがお気に入りだったが
すごく安かった
売っていたスーパーがつぶれてもう手に入らない
つづく

パスタペペロンチーノ

[**材料**]（2人分）

パスタ……………………………………160～200g
にんにく…………………………………1片（10g）
赤とうがらし……………………………………1本
塩、こしょう、パルミジャーノチーズ…………適宜
オリーブ油………………………………大さじ5

[**作り方**]

1 鍋にたっぷりの湯をわかして塩ひとつまみ（分量外）を加え、パスタを表示の時間どおりにゆで始める。

2 にんにくは薄切りにし、赤とうがらしは種を取る。

3 フライパンにオリーブ油を熱し、**2**を入れて弱火でじっくり加熱する。にんにくが色づいてきたら赤とうがらしを引き上げる。辛いほうがよい場合は引き上げなくてもよい。

4 一度火を止め、1～2分置く。油がさめてきたらパスタのゆで汁大さじ1～2を少量ずつ回し入れ、塩、こしょうをふってよくかき混ぜ、再び弱火で加熱する。水けがなくなりそうになったら、再度ゆで汁を入れる。

5 ゆで上がったパスタをざるにあげて湯をきる。**4**のフライパンの火を止め、パスタを加えてよく混ぜる。

6 皿に盛り、おろしたパルミジャーノチーズをかける。

※つけ合わせは、ゆでたブロッコリー、きゅうり、ミニトマト、ゆで卵のサラダ。

ツレのひとことメモ

パスタは、具が少ないので100gにしてもよい。好みでピーマン小1個か、種を取ったししとう2本を加えても。細切りにして、4で加える。

私が唯一、得意にしている料理はパスタ
その中でも、最初に覚えたのがペペロンチーノ
ひとり暮らしをはじめた頃覚えました
オリーブ油とにんにくととうがらしと塩
簡単で早いのがいいよねー
じゅー
それだけでシンプルな味わい
観光地であまりにも色々なものが入っている「ペペロンチーノ」を食べたことがある
ベーコンとかカニとか入ってる…
注文したのに食べられないツレ
メニューにペペロンチーノって書くなよ~~!!
あわてる私

トマトと揚げなすのパスタ

［材料］（2人分）

パスタ	160g
ホールトマト缶	1/2缶
なす	2本（長なすなら1本）
ピーマン	1個
バジル	ひとつまみ
にんにく	1片（10g）
赤とうがらし	1本
オレガノパウダー	少々
パルミジャーノチーズ	適宜
赤ワイン	50ml
塩	小さじ1
こしょう	少々
揚げ油	適宜
オリーブ油	大さじ3

［作り方］

1　なすは輪切りにしてやや低めの揚げ油で揚げ、キッチンペーパーに取ってしっかり油をきっておく。ピーマンは細切りに、バジルは細かく切る。にんにくはみじん切りに、赤とうがらしは種を取る。

2　フライパンにオリーブ油を入れて熱し、にんにく、赤とうがらしを弱火で炒める。1分ほどたったら赤とうがらしを取り出す。

3　一度火を止め、ホールトマト、ピーマン、赤ワイン、塩、こしょうを加え、弱火にかける。

4　鍋にたっぷりの湯をわかして塩ひとつまみ（分量外）を加え、パスタを表示の時間どおりにゆで始める。

5　**3**のホールトマトのかたまりを木じゃくしなどでつぶし、ふたをせず煮る。煮詰まりそうだったら適宜パスタのゆで汁を加えながら15分ほど煮る。仕上げの際にバジルとオレガノパウダーを加え混ぜ、火を止める。

6　**4**をざるにあけて湯をきり、**5**に加えて箸などであえる。皿に盛ってなすをのせ、おろしたパルミジャーノチーズをかける。

ツレのひとことメモ

揚げたなすに、好みで塩を少しだけふっても。その場合は、パルミジャーノチーズを控えめに。とうがらしを最後まで残しておくと辛口になる。

きのこのパスタ

［材料］（2人分）

パスタ……160g
エリンギ……100g
キクラゲ（もどして）……100g
バター……50g
パルミジャーノチーズ……適宜
塩……小さじ1/3
こしょう……少々
白ワイン（酒でもよい）……大さじ1
しょうゆ……数滴

［作り方］

1　エリンギは手でさき、キクラゲは一口大に切る。
2　鍋にたっぷりの湯をわかして塩ひとつまみ（分量外）を加え、パスタを表示の時間どおりにゆで始める。
3　パスタのゆで上がり5分前になったら、フライパンにバターを入れて熱し、**1**を炒め始める。
4　塩、こしょう、白ワインをふり、仕上がり際に隠し味としてしょうゆをたらす。
5　**4**の火を止め、**2**の湯をきって混ぜる。皿に盛っておろしたパルミジャーノチーズをかける。

ツレのひとことメモ
ブナシメジ、マイタケ、えのきたけなど、どんなきのこでも。合計200gを目安にする。バターを控え、仕上がり際にマヨネーズ大さじ1〜2を加えても。

「学校給食」という発想に見られるように、日本では、すべての国民が等しく同じものを食べることができるのが理想であると考えられているようである。

最近でこそ食品アレルギーの子供が増えてきたこともあり、横並びの発想を押しつけられることもなくなってきたが、まだまだ「ベジタリアン」という偏食を受け入れてくれる素地は少ない。

そんな調子なので、外食には以前から苦労していた。会社員時代の忘年会や社員旅行、研修などでも説明するのに苦慮していた。最近は、自分の食事を自分であつらえているので、その苦労はずいぶん減ったのだが。

相棒と外出したときに食事をする場合、まず問題なくベジタリアンメニューにありつけるのはインド料理店である。インドでは人口の半数以上がベジタリアンなので、ベジタリアンメニューがポピュラーなのだ。イタリア料理店も野菜だけのメニューがあるので、次善の策はパスタかピッツアのイタリア料理店ということになる。

地元では、お蕎麦屋さんの友だちができたので、いろいろワガママを言って特製メニューをあつらえてもらっている。

ベジタリアンだった宮澤賢治も、サイダーを飲みながら天ぷら蕎麦を食べていたと聞くので、僕も蕎麦つゆのダシくらいはスルーということにしている。

ツレ料理コラム 8

外食の苦労

お世話になっている地元の蕎麦屋「天哲」さんにて。食べているのは「大冷やしムジナそば」。

「天哲」さんの店先。ランチのメニューが出ていたので撮影した。

僕たちの結婚式の披露宴での写真。食事は、中華料理店の「素食」だった。

菜の花とシメジのパスタ

[材料]（2人分）

パスタ	160g
菜の花	1/2わ
ブナシメジ	1/2パック
玉ねぎ	小1/2個
塩	小さじ1/2
こしょう、パルミジャーノチーズ	各少々
白ワイン	50ml
オリーブ油	大さじ5

[作り方]

1　玉ねぎは薄切り、シメジは石づきを取って小房に分け、菜の花は3等分に切る。

2　フライパンにオリーブ油を熱し、中火で玉ねぎを炒める。玉ねぎの色が透き通ってきたら、シメジ、菜の花を加え、塩、こしょうをふってさっと炒め、弱火にして白ワインを回しかける。

3　鍋にたっぷりの湯をわかして塩ひとつまみ（分量外）を加え、パスタを表示の時間どおりにゆで始める。

4　**2**の水けがなくなりそうになったら、パスタのゆで汁を適宜加えながら10～15分加熱する。

5　パスタがゆで上がったら、ザルにあげて湯をきる。フライパンの火を止め、パスタを加えてよく混ぜる。

6　皿に盛り、おろしたパルミジャーノチーズをかける。

ツレのひとことメモ

菜の花がなければ、さっとゆでたブロッコリーや、ほうれん草でも。かたくなったフランスパンを細かく切って入れるのも、わが家で流行ったことがある。

Part 7

甘いもの好きが作るデザート

ツレが一番向いてない料理
えっ
それがデザートだと思うっ
えー
だってボク甘い物大好きだから
デザートは力入れて作ってるんだよ
そうなんだよねー
大好きすぎて力入れすぎるから
きっと失敗が多いんだよねー

デザートが好きでたまらないっ それゆえに理想も高くなってしまう
気楽に簡単に作れなくなっちゃってるかも
あとさー甘い物ならなんでも好きだからさ
うん
失敗作も楽しく食べちゃってるよね
失敗でもおかしはスキだっ
まあ甘い物好きなので成功した時はものすごーくおいしいですけどね
あの時作ってくれたデザートおいしかったなあ
もう二度と味わえないけど…
おわり

さつまいもの入ったソーダパン

[**材料**](2人分)

さつまいも……………………………1/4本（50g）
薄力粉 ……………………………………200g
塩 ………………………………………小さじ1/2
ベーキングパウダー ……………………小さじ1/2
ヨーグルト ……………………………大さじ2
砂糖（またははちみつ） ………………大さじ1
水………………………………………1カップ

[**作り方**]

1　さつまいもは皮をむき、縦横に包丁を入れてから3mm角に切る。

2　薄力粉、塩、ベーキングパウダーをボウルにふるい入れ、ヨーグルトと砂糖、**1**を加え、水を少しずつ加え混ぜる。

3　**2**をひとさし指でぐるぐるとかき混ぜ、なじんだら手を使ってざっくり混ぜる。

4　アルミホイルにサラダ油（分量外）をぬって**3**をのせる。表面にバターナイフなどで十字に切り目を入れる。

5　200℃のオーブンで25分焼き、余熱で5分ほど焼く。

ツレのひとことメモ

さつまいもの代わりに、甘栗やドライフルーツなどもおいしい。焼く前に白ごまをふっても。アルミホイルごとフライパンで、ふたをして焼いてもよい。

私のあこがれてた生活の一つに
3時になったらお庭でアフタヌーン・ティーというのがある
アフタヌーン・ティーの定番はコレ
薄力粉とベーキングパウダーで焼いたスコーンにクロテッドクリーム
スコーン風の材料にみじん切りのさつまいもを混ぜてゴマを散らしてみました
一度クロテッドクリームを買うと毎日食べなければならなくて大変だ
えーまたこれ？
賞味期限がすぐなんだよー

バナナの入ったミルクセーキ

［**材料**］（2人分）

バナナ……………………………………………1本
牛乳……………………………………………300cc
卵…………………………………………………1個
砂糖………………………………………………大さじ2
氷（製氷皿のキューブ）……………………4〜5個

［**作り方**］

1　バナナは皮をむき、適当な大きさにちぎる。

2　材料をすべてミキサーに入れ、氷がくだけ、ガリガリという音がしなくなるまでかくはんする。

ツレのひとことメモ

食欲がなくても飲めるので、夏バテしたときや朝ごはんにもおすすめ。バナナのかわりにいちごを使ってもよい。

夏は暑い
あっー
イグのせいでエアコンを使わない、わが家はもっと暑い
ミーン
食欲ないなあ…
バナナジュースが飲みたい
ミンミン
ミンミン
バナナはジュースにならないよ ミルクセーキにバナナを入れたのを作るよ
すくっ
わーい
ツレは暑い時もマメに動けるのですごいなぁと思う
ミーン
ミンミン
暑くて全然動けん
ミンミン
ミンミン

チーズケーキ

[**材料**]（15×15×4cmの型1台分）

クリームチーズ ……………………………約150g
全粒粉ビスケット ……………4～5枚（40～50g）
バター（有塩）…………………………………50g
薄力粉……………………………………………30g
砂糖………………………………………………50g
卵…………………………………………………1個
生クリーム ……………………………………50ml
レモン汁……………………………………小さじ1
サラダ油……………………………………大さじ2
ブルーベリーソース …………………………適宜

[**作り方**]

1　クリームチーズとバターは室温に置いてやわらかくもどしておく。薄力粉はふるっておく。

2　全粒粉ビスケットをすり鉢などでつぶし、ケーキ型に入れる。サラダ油を加えて全体をしっとりとさせ、型に薄く敷き詰めてスプーンで軽く押さえる。冷蔵庫に入れておく。

3　ボウルにバターとクリームチーズを入れよく混ぜる。砂糖を加えてよく混ぜたら、卵をといて何回かに分けて入れる。薄力粉をふるい入れ、生クリーム、レモン汁を入れて混ぜる。

4　**2**を冷蔵庫から出し、**3**を流し込んで表面をきれいにならす。

5　170℃のオーブンで30分焼き、あら熱が取れたら冷蔵庫に入れて4～5時間冷やす。

6　切り分けて皿に盛り、ブルーベリーなどフルーツソースをかけて食べる。

ツレのひとことメモ

無塩バターを使うときは、塩を適宜加える。クリームチーズは、リコッタチーズや自家製ヨーグルトを4時間くらい水きりしたものでもよい。

ツレ料理コラム⑨

ニューヨークのチーズケーキ

　僕にはニューヨークに住んでいる伯父がいる。彼を訪ねてニューヨークに行ったのは、後にも先にも1975年にいちどきりだ。僕はまだ10に届くか届かないかの、ほんの子供だったのだが。

　当時のニューヨークは、世界貿易センタービルができたばかりで、世界一の高さともっぱらの評判だった。ベトナム戦争も終結し、なんとなくのんびりした空気が戻ってきていた頃だ。ニューヨーク・フィルハーモニックではレナード・バーンスタイン氏の後釜として作曲家ピエール・ブレーズが威勢を振るっていた時分だろうと思うのだが、当時は僕はクラシック音楽のこともよくわからなかったし、周囲にクラシック音楽を聴く人もいなかったので、ブレーズ氏との出遭いもなかった。

　ブレーズ氏の代わりに僕が出遭ったのは、こってりした味覚のチーズケーキだった。正確にはニューヨークではなく、ニューヨークから少しはずれたニュージャージー州のハッケンサックという町のケーキ屋だったのだが。このチーズケーキの素晴らしい味わいに魅了され、大人になってからもチーズケーキをいろいろ探し回ったのだが、いまだにあの味には再会できていない。

　ただ、ニューヨーク風のチーズケーキは、1990年代頃から日本でも出回るようになってきた。最初はとあるブックセンターの二階にある喫茶店でしか食べることができなかったが、各種コーヒーショップが日本に上陸するに伴って、一般的になってきたようだ。

　各種コーヒーショップはニューヨークのベーグルも日本に持ち込んだのだが、1975年に僕はベーグルとは出遭わなかったので、そちらに対する感慨はない。世界貿易センタービルは2001年のテロでなくなってしまったが、伯父はまだ健在でニューヨークに住んでいる。

緑豆のチェー

［材料］（2人分）

緑豆（ムングダル）……………………………80g
タピオカ………………………………………………20g
砂糖…………………………………………………大さじ3
湯 ……………………………………………………150ml
ココナッツパウダー ………………………………大さじ1
コンデンスミルク ……………………………………少量

［作り方］

1　緑豆は洗って2〜3時間水につけておき、たっぷりの水と一緒に鍋に入れて30分ほどゆでる。

2　タピオカは別の鍋で40分ほどゆで、ざるにあげる。

3　**1**の水けをきってボウルに入れ、すりこぎなどでつぶす。砂糖大さじ2を加えて混ぜる。

4　湯にココナッツパウダーと砂糖大さじ1を溶かす。

5　器に**2**、**3**、**4**を盛り、コンデンスミルクをかける。

ツレのひとことメモ

チェーはベトナムのおやつ。お汁粉に似ているので、タピオカの代わりに白玉を入れてもいいし、冷やして夏のデザートにするのもおすすめ。

甘い物
ダイスキ!!

あわゆきかん

［材料］（5人分）

いちご…………………………………………………中6粒
卵白……………………………………………………1個分
水………………………………………………………400ml
寒天……………………………………………………6g
砂糖……………………………………………………100g
レモン汁………………………………………………少々

［作り方］

1　卵白をボウルに入れ、逆さにしても流れない程度にかたくなるまで泡立てる。
2　鍋に水、寒天を入れて火にかける。沸騰したら、砂糖、レモン汁を加えてかき混ぜる。
3　いちごを洗って半分に切り、型に敷き詰める。いちごがひたひたになるまで、**2**の1/3量くらいを上から流し入れる。
4　**1**に**2**の残りを加え混ぜる。ボウルを氷水で冷やしながら、あら熱が取れるまでよく混ぜる。
5　**4**がどろどろに固まってきたら、**3**の上に流し入れる。
6　ラップでおおって、冷蔵庫で3～4時間冷やし固める。

ツレのひとことメモ
寒天は、棒寒天でも粉寒天でもよい。いちごの代わりに、輪切りにしたキーウィや皮をむいた夏みかんでもよい。みかんなどの缶詰ならさらに簡単。

結婚したばかりの頃
私が何度もトライした
デザート
それが「あわゆきかん」
お客様も満足
どうぞ
新妻のお手製デザートって感じ
うふっ
ツレのお母様に作り方を聞いた
イヒヒヒ
今日もお客様にほめられちゃった
ゼラチンのお菓子は失敗するけどカンテンは平気
今回、当時のレシピでツレが再現…するはずが
えーなんでー？
また失敗
なんだかうまく行かない
べちゃ
てんさん ちょっと作ってみてよ
ムリ
10年も前やってたことを覚えてるハズがない
卵の黄味が余る

ツレ料理コラム10

後片づけ大好き

料理を作るのは好きでも、「後片づけ」が面倒くさいという声をよく聞く。ちなみにうちの相棒も、主婦業を担当していたとき、後片づけが大嫌いで、僕に僕はよく押しつけていた。実は、僕は後片づけが好きなのである。どうして好きなのかというと、失敗することがないから気楽であり、食器や調理道具が元のところに予定調和的に戻り、台所が片づいていく様子が楽しい。さらには水に触れていること自体も好きなのだ。

そんなわけで、今では台所に立つことを天職のように思っている。しかし、ここまでくるには紆余曲折があったのだ。

勤め人として会社に通っていたころは、忙しくなると家のことはなおざりになってくる。それでも週末には料理をしたり、自分の弁当を作ったりと暇をみつけては台所に立つようにしていた。しかし、勤めを辞める1年くらい前からは、仕事が大幅に増えてしまったため、台所に立つ機会がどんどん奪われていったのだ。弁当も作れなくなり、会社の勤めの合間には、コンビニで買ってきた「塩むすび」と「クリームパン」ばかり食べていた。

その後の僕のことは、ご承知の方もいるかと思うのだが、食生活の乱れはそのまま体調の乱れもになる。僕はやがてうつ病を発症し、勤めを辞めて家で静養することになった。療養の当初はほとんど寝たきりだったが、起き上がれるようになって最初に習慣として取り戻したのは、台所に行って料理を作り、後片づけをすることだった。

料理を作ろうとして台所に立っても、最初はほとんど何もできない状態だった。手際もよくなかったのだが、たっぷり時間をかけて意味を考え、たくさん失敗をしながら僕は再び自分を取り戻していった。もちろん、後片づけに関しても失敗の連続で、高価な食器を割ってしまって落ち込んだりもした。

奇妙な執念深さでもって、壊した食器をピンセットと接着剤で「復元」したり、食器磨きや漂白に力を入れすぎてひどい手荒れを作ったり、アンバランスなこともいろいろとした。やがて調子を取り戻してからもずっと台所に立ち続け、今日まで続いている。

僕が後片づけに使っている洗剤や道具

おわりに

私は料理が苦手です。

結婚して12年たちますが、その間の9年くらいは毎日料理をしてきました。ツレがサラリーマンを続けていた頃のことです。

苦手なことはなかなか身につきません。だから9年たっても、料理の本を見ながらでないと、作ることができませんでした。

私にとって、具体的に料理のどこがイヤかというと、いろんなことを同時にしなければいけないところです。

たとえばパスタ料理ひとつ作るにしても、ソースを作りながらパスタをゆでることを同時進行でやらなくてはいけません。私はいっぺんにいろんなことができないのです。

だから当然でき上がった料理はまずいです。人生で一番悲しいことはまずい料理を食べることだと思います。こんな私なので、料理ができる人をとても尊敬しています。

ツレはえらいです。これからもおいしい物を作ってください。

細川貂々

料理を作ることは、音楽に似ていると思う。

今でこそ、レコーディングというものがあって、ディスクに収められた音楽を聴くこともできるが、本来は一期一会。あるシチュエーションでたった一回きり奏でられ、その場に居合わせた人しか体験できないものが音楽であった。

料理にも「缶詰」とか「ファーストフード」のようなものはあるが、やっぱり基本的には一期一会。そのとき一回きりのものを食べ、体験するものだ。こうして本にレシピをのせることはできるが、僕の料理をたくさんの人に食べていただくことはできない。くやしいけど。

それでも、ここに収められた写真とレシピを見て想像していただくことはできる。おいしそうだなあと思ったら、ぜひご自分で料理してみてください。音楽はかしこまって聴くものじゃなくて、ヘタでも楽しく演奏する人たちのもの。料理も同じです。

ツレ

2007年6月11日　第1刷発行

著者　細川貂々＆ツレ（てんてん企画）

発行者　松原眞樹

発行所　株式会社角川ＳＳコミュニケーションズ
〒101-8467　東京都千代田区神田錦町3-18-3錦三ビル
電話　03-5283-0265（編集）　03-5283-0232（営業）

印刷・製本　株式会社暁印刷

専業主夫ツレのプチベジ・クッキング

ISBN978-4-8275-3057-5